U0824826

主 编

王克瑞

编 委（按姓氏笔画排列）

王 锋 王宴青 邬纯芳 李宗达 陆 洋 陈 红 赵 飞 郭海霞 梁刚建

青少年
语言表演艺术

播音主持系列第10级

全国青少年语言表演艺术测评中心　编

中国传媒大学出版社
·北京·

前言

语言艺术，非一日之功，绝非高强度冲刺便能速成的。当下的家长圈里流行一种论调：“孩子学习成绩不好，就走艺术专业吧。”在这种被逼上梁山的无奈之下学习语言艺术，多少带有一些沉重的功利色彩。

蔡元培先生提出的“美育”的力量呢？先生说：“我们提倡美育，便是使人类能在音乐、雕刻、图画、文学里又找见他们遗失的情感。我们每每在听了一支歌，看了一张画、一件雕刻，或者读了一首诗、一篇文章以后，常会有一种说不出的感觉；四周的空气会变得更温柔，眼前的对象会变得更甜蜜，似乎觉到自己在这个世界上有一种伟大的使命。这种使命不仅仅是要使人人有饭吃，有衣裳穿，有房子住，它同时还要使人人能在保持生存以外，还能去享受人生。知道了享受人生的乐趣，同时更知道了人生的可爱，人与人的感情便不期然而然地更加浓厚起来。”先生的话，至今让我们感同身受，语言艺术是最好的审美，应该像先生所说，敦重乐教，发挥美育的力量。

语言艺术，口耳之学，离不开长期熏陶，且一定要坚持中外文化经典的熏陶。我们看到一些语言训练教材内容过于低龄化、养分少，低估了这些“小大人”，止于游戏之乐，人文营养不良，语言艺术空心化、同质化，导致这些“小大人”无论朗诵还是主持，都学着大人的腔调，没有了独特感受，没有了孩子味儿。我们希望做到的是：从5岁到14岁，在“童蒙养正，少年立志”的最佳成长阶段，让语言艺术感化他们，使他们练就童子功、打好底子。

古文是中文的根基，尤其是古文经典，布局严谨、行文简洁、气韵生动、文采斐然、思想隽永。比如，《道德经》作为“内圣外王”之学，被誉为“万经之王”，深刻影响着中国的哲学、科学、政治、宗教，是除了《圣经》之外，被译成外国文字发行量最大的世界文化名著。《逍遥游》语言节奏明快、便读易记、气势磅礴、铿锵有力、想象丰富、意境开阔，对其声音、句式、辞格等进行语言研究的人络绎不绝。在这套丛书里，我们要求孩子们朗读这些古文经典，而不强求背诵，将其穿插在表演、游戏、动画配音等环节里，较为轻松。我们相信，读书百遍，其义自见，让这些古文经典印刻在孩子们的童年里，它们总有一天会萌芽、成长。我们从中外传统经典名篇中精挑细选一小段，作为引子，希望孩子们下课之后主动去寻找这些书籍，希望听到他们翻阅经典、朗读经典的声音。我们相信，孩子从小受到经典文化浸染，立身为人，必然出口不凡。

语言艺术从来就不是孤立的，它因为新闻属性而有了新闻播报与评论、现场报道等不同表达形式；它因为文化属性而有了朗诵、表演、演讲、主持等不同表现形态。字正腔圆、口齿清晰、嘴皮利索是基本功，这很重要，因此在本套教材前两册里，这项基本功训练占了三分之一的课时。到中高级进阶阶段，更多的篇幅放在了语言功力的培养上。正如张颂先生所言，语言功力是语言的功底和能力，应该包括观察力、理解力、感受力、思辨力、表现力、回馈力、调检力、鉴赏力这八大功力。

本套教材设计了动物模仿、音乐感受、无实物表演、油画描述解读、新闻现场观察等环节，采用朗诵、表演、配音、演讲、播报、评论等多种形式，让学生去理解、思辨、鉴赏与表达。引导学生聆听经典朗诵、影视配音、鉴赏油画和海报等，力求做到鉴赏与表达互补。在新闻现场，让学生自己去观察、分析，确定选题目标，自拍新闻照片，开展现场报道。教材还采用当下最流行的PBL项目式学习（Project-based Learning），在关注“共享单车”“低头族”“中国式过马路”等现象的学习中，学生会更加清晰地面对真实社会的实际问题去独立思考：为什么我要关注这个问题？哪些是需要重点关注的对象？这不仅仅是与真实世界建立联系，更重要的是提出真实的问题，而这些真实的问题往往没有标准答案。教师将带领学生自制节目，开分享会，邀请学生、家长和专业人士作为第一观众一起思考、提出建议。观众惊讶的表情是最让人心潮澎湃的，这让学生自然而然地重视分享。在愉快分享的同时，培养学生听取反馈、学会反思的好习惯。我们认为，语言理性与感性的审美培育，才是语言艺术教育的真正出路。

我们坚持从娃娃抓起，力求教材内容专业而有趣。教师与家长、学生积极互动，让学生以踮起脚尖够一树苹果的姿态，愉快地参与播音主持考级和朗诵表演考级。依托专业思路，每一阶段设定不同的目标，我们希望告诉每一位家长，考级不是最终目的。从娃娃抓起，却不让孩子继续做自己，不是我们的目的。我们的目的是：引导孩子分享思想、表达感受，让他们在清澈的眼睛里映照出这个世界最初的样子，在幼小的心灵里播种未来人生的第一个梦想。

我们寻找每一位“手持戒尺、眼中有光”的老师。每一个孩子都是可爱的，有鲜活的思想、天使般的心境，有超越现实的想象力和创造力，只有在生命美丽的时候，世界才是美丽的。每一个孩子的语言原本就是干净、美好的，犹如一件宝物放在你眼前，有的人看中的是经济价值，无法摆脱对材质、名款等世俗标准的盲从，而真正的师者，会以审美的眼光，手执戒尺，让宝贝绽放艺术之光辉。

工作之余还能有闲暇去做人，有闲暇去做人的工作，便是幸福。我们编著的教材就是这样，不拘一格，宽严相济，期盼孩子们通过这些有趣的训练项目，也有闲暇去发挥他们的智慧与才能。用如此心态审视，他们将会发现语言艺术世界充满美好、光明。在我们看来，这便是童子功的培养。

中央电视台导演 邬纯芳

2017年12月

目录

扫一扫，
获取在线数字资源

第十级

第十级

第十级训练目的

主持训练目的

1. 通过新闻主持训练、晚会主持训练、新闻串联训练、生活服务类节目主持训练、大型活动主持训练、美食节目主持训练，了解主持形式，提升主持能力。
2. 能够理解、体会稿件内容，了解不同的主持形式。

节目策划与主持训练目的

1. 能够根据指定题目完成节目策划与录制。
2. 对于广播节目，能够熟练使用录音设备，了解广播节目主持的要求和特点。
3. 对于电视节目，能够熟练使用录像设备，了解电视节目主持的要求和特点。

第一课

一、新闻主持训练

训练内容

时事新闻一

最近，湖北大学大三学生孟祥微与两名室友放弃了“今年内考驾照”的计划。三名大学生很无奈：他们原本打算今年上半年拿到驾照，然后集中精力准备考研，但从3月至今，驾校仍没报上名。计划的搁浅与武汉市一项政策有关：异地申请人申领武汉市驾驶证，必须先办理武汉市居住证；而办理居住证，需在武汉居住登记时间满半年。

也就是说，在武汉，包括许多在读大学生在内的外地人口，考驾照至少得等半年。孟祥微与室友都不是武汉户口。他们不理解：在读大学生中，除了新生，绝大多数都已在武汉居住满了半年，为何考驾照还要另等半年？

有同样遭遇的，不止在校大学生，一些在武汉工作的外地户籍人士也不明白：居住证政策的设计原本是给满足条件的外地人带来与常住人口同等的公共服务与便利，为何在考驾照时，反而没有此前便捷？（《中国青年报》）

时事新闻二

近日，山东青岛出台了一部中小学管理办法，规定中小学有权对影响教育教学秩序的学生进行“适当惩戒”，这迅速引起了社会各界的关注和讨论。争论的焦点在于，中小学和教师是否应该拥有“惩戒权”，如何进行惩戒。（央广网）

训练提示

阅读以上两条新闻之后，找到每条新闻的关键词，在评论的同时，将两条新闻进行有机的串联。评论应简洁有力，点到为止；串联要起到承上启下的作用。

根据自己对新闻的判断和理解，选择新闻串联顺序。在这里也要求同学们自己安排新闻串联的顺序，做到有理有据、顺畅生动。

二、节目策划与主持

训练内容

推荐一部动画片

结合所学内容，以“推荐一部动画片”为主题，独立完成一期广播节目。在节目创作的过程中，同学们既可以讨论策划案、回顾所学知识，又能充分发挥想象力和创造力。

训练提示

1. 组织讨论

要本着“可以说、值得说”的选题原则来选择动画片。教师引

导同学们讨论，开展头脑风暴，设计一个有吸引力的节目名称，搭建出节目整体结构。策划案讨论完成后，教师将监督学生做好节目分工。

2. 布置任务

引导学生课后收集动画素材、动画制作者素材。重视听众反馈。鼓励学生邀请家长、老师、身边的朋友等忠实的听众来听节目，让学生认真听取听众的意见和建议，自己判断取舍，修改、完善节目。

第二课

一、新闻主持训练

训练内容

时事新闻一

昨日，广州市智能交通管理指挥中心发布消息，一辆出租车在天河路与天河东路路口因斑马线前不礼让行人而被电子警察系统识别抓拍。

记者从市公安交警部门获悉，广州交警在常态管理的基础上进一步加大了监管力度，新增一批电子警察对机动车斑马线前不礼让行人行为进行执法，该批设备于昨日零时在天河路与天河东路路口开始投入使用。截至昨日中午12时，该路口共抓拍115宗机动车斑马线前不礼让行人行为。（《广东日报》）

时事新闻二

浙江省工商局最近公布了该局向国家林业局森林公安司法鉴定中心送检样本鱼翅的鉴定结果：鉴定报告显示，所检82个样本有79个为“人造假鱼翅”。而从当地的检测结果看，有三分之一的干鱼翅镉超标，其中金钩翅镉超标达10倍，另外还有部分鱼翅甲基汞超标。在批发市场

调查发现，无厂址、无鱼翅种类、无生产日期、无保质期、无联系电话等的“三无产品”十分普遍。（《广东日报》）

时事新闻三

还有俩月才毕业，云南曲靖应用技术学校餐饮专业的学生就已被预订一空。“3个年级1 000多名餐饮专业学生，仍然供不应求。现在我们专业基本上都是‘订单式’培养，不早预订，肯定没戏。”曲靖应用技术学校餐饮教研室主任侯邦云坦言，自己的毕业生还“挺挑剔”。

曲靖市教育局副局长张兴华认为，职业教育的发展离不开整个产业的转型。“最早的低端制造业需要的是廉价劳动力，只需要会简单的重复劳动就行；但随着产业转型升级、中国制造迈向中高端，必然需要大量技能型人才，在这方面职业教育有着不可替代的作用。”

大国工匠，离不开技能型人才的培养。随着教育部等四部门联合印发《高中阶段教育普及攻坚计划（2017—2020年）》，占据高中教育半壁江山的中等职业教育未来发展将面临新的考验。

记者近日在云南省曲靖市调研发现，这里的中职学生就业前景很好，可学校招生仍有困难。（《人民日报》）

训练提示

阅读以上三条新闻之后，找到每条新闻的关键词与关联点，在评论的同时，将三条新闻进行有机的串联。评论应简洁有力，点到为止；串联要起到承上启下的作用。

串联词在多条新闻的连接中有承上启下的作用，可以使多条独立的新闻融为一体，形成一个完整的新闻组合。

二、节目策划与主持

训练内容

推荐一个旅游好去处

结合所学内容，以“推荐一个旅游好去处”为主题，独立完成一期广播节目。在节目创作的过程中，同学们既可以回顾所学知识，又能充分发挥想象力和创造力。

训练提示

1. 组织观摩上一期节目

观摩上节课后每个学生制作的广播节目《推荐一部动画片》，教师指导学生进行集体点评。

2. 组织讨论下一期节目

引导学生课后收集素材，包括旅游目的地的风土人情、历史典故、游玩攻略，自已或网络游客的随笔，背景音乐等。

第三课

一、新闻主持训练

训练内容

时事新闻一

近日，北京某法院受理了一起案件：一物业公司认为摩拜单车在停车场乱停乱放，影响了其物业管理秩序，因此起诉摩拜，索要管理费用。据悉，这是由共享单车停放混乱而致的首例民事诉讼。

媒体调查显示，2016年，近20个品牌共投放了约200

万辆共享单车，2017年预计投放总量将接近2 000万辆。这些自行车报废之后，会产生近30万吨废金属。（人民网）

时事新闻二

近日，北京房山区一位伤透心的91岁老父亲将自己的三个儿子告上法庭，只为他们能常回家看看、照顾自己。杨老汉的诉求很简单：“一是弄点饭，二是弄点药，跟我发脾气不行。”他说，除做饭外，其实还是想多看看子女，攥着每月7 000元的退休金，他并不差钱，缺的是子女的陪伴。（京华网）

时事新闻三

据媒体报道，近期，上海市民办阳浦小学和青浦世界外国语学校在招生时让家长做“调查问卷”，甚至调查爷爷奶奶的职务、毕业院校等信息。此事引发关注后，问卷被取消。上海市教委在全市教育系统对两校通报批评，要求两校公开致歉，核减两校明年招生计划。（搜狐教育）

训练提示

在串联词中用简短的话语对报道做点评，表明立场观点、明确是非、正确引导观众是很有必要的。

二、节目策划与主持

训练内容

好书推荐

结合所学内容，以“好书推荐”为主题，独立完成一期广播节目。在节目创作的过程中，同学们既可以回顾所学知识，又能充分发挥想象力和创造力。

训练提示

1. 组织观摩上一期节目

观摩上节课后每个学生制作的广播节目《推荐旅游好去处》，教师指导学生进行集体点评。

2. 组织讨论下一期节目

引导学生课后收集要推荐的好书的梗概、影响因子和最新图书排行榜等素材。选择合适的话语样式进行主持。

第四课

一、新闻主持训练

训练内容

时事新闻一

近日，北京市餐饮行业协会联合天津、河北等地的相关协会再发“光盘”倡议，倡导餐厅摆放“适量点餐、剩餐打

包”的提示牌或宣传画，提供免费打包服务，并提醒消费者适量点餐、剩餐打包，有条件的企业提供“小份菜”。《新京报》记者探访北京餐饮门店及高校食堂十余处，发现大多市民都能做到适量点餐，离座后盘中剩余一成左右菜品，尽量“光盘”。但也无法排除因“量太多”“口味不合适”等而出现的剩菜剩饭问题。为倡导节约、反对浪费，“光盘行动”于四年前在全国推行，倡导市民打包剩饭，“光盘”离开。（《新京报》）

时事新闻二

有人丢了辛苦钱，好心人凑钱假装捡到送还，这种影视剧中才会出现的场景，在滨州无棣真实上演了。近日，70岁的环卫工人程延新在回家路上丢失了三个月的工资3 360元。

这件事被好心市民转发到朋友圈后，迅速引起了网友关注，有网友甚至自己凑好钱后，假装捡到了老人的工资，“送还”老人。（中国青年网）

时事新闻三

每月收入不低，却偏偏吃住都赖着年迈的父母，父母忍无可忍，和儿子一起一纸诉状递到法院，将亲生女儿请出家门。昨天，记者从市妇联维权咨询服务中心了解到，这桩“亲情大战”最终以“买断”收场：父母向女儿支付15万元，女儿要尽快搬走。

市妇联维权咨询服务中心工作人员认为，父母对自己所有的财产有自主分配的权利，子女不能干涉，父母也没有为成年子女提供经济支持的义务，夏兰（女儿）的要求其实并不能得到法律的支持。现在用钱“买断”了亲情，作为子女能否尊重父母，父母对子女是不是能尽量保证公平，是双方都需要反思的问题。（《武汉日报》）

训练提示

阅读以上三条新闻之后，找到每条新闻的关键词，在评论的同时，将三条新闻进行有机串联。评论应简洁有力，点到为止；串联要起到承上启下的作用。根据自己对新闻的判断和理解，选择新闻串联顺序。

新闻节目主持人可以通过对新闻的串联展现自己的风格。

二、节目策划与主持

训练内容

最美家乡

结合所学内容，观察生活，以“最美家乡”为主题，独立完成一期广播节目。在完成节目的过程中回顾所学知识，锻炼现场应变能力。

训练提示

1. 组织观摩上一期节目

观摩、点评上节课后每个学生制作的广播节目《好书推荐》。

2. 组织讨论下一期节目

引导学生了解家乡的人文历史，尽量选择信息点多、能反映时代变迁的地点和风物。

第五课

一、晚会主持训练

训练内容

八一建军节活动

训练提示

根据不同的节日，选择适当的语气状态。

节目单：

开场舞《国家》

歌曲《党旗更鲜艳》

舞蹈《未来保卫战》

歌曲《祖国不会忘记》

朗诵《祖国，一首唱不完的恋歌》

萨克斯演奏《一想到你》

快板表演《歌唱中华好儿女》

舞蹈《绽放的军中绿花》

乐器演奏《中国军魂》

二、节目策划与主持

训练内容

我这一家子

结合所学内容，选择主题，独立完成一期广播节目《我这一家子》。在节目创作的过程中，学生既可以回顾所学知识，又能充分发挥想象力和创造力。

训练提示

1. 组织观摩上一期节目

观摩、点评上节课后每个学生制作的广播节目《最美家乡》。

2. 组织讨论下一期节目

引导学生从外貌、声音、性格等多个角度观察家人，与家人一起讨论和交流，寻找家中有趣的故事，做一期有纪念意义的节目。

第六课

一、晚会主持训练

训练内容

母亲节主题活动

训练提示

根据晚会主题、节目单，设定目标受众、主持场景和时间，自己设计节目开场白、串联词、结束语。

对晚会的受众有明确的定位，当受众改变时，应采用不同的语气状态。

节目单：

歌伴舞《这就是我的祖国》

模特表演《梦醉荷塘》

歌曲《把幸福带回家》

小品《上学的一天》

歌曲《母亲》

歌曲《真心英雄》

街舞*POPING*

女声独唱《映山红》

男声小合唱《把一切献给祖国》

二、节目策划与主持

训练内容

美文赏析

结合所学内容，选择主题，独立完成一期广播节目《美文赏析》。在节目创作的过程中，同学们既可以回顾所学知识，又能充分发挥想象力和创造力。

训练提示

1. 组织观摩上一期节目

观摩、点评上节课后每个学生制作的广播节目《我这一家子》。

2. 组织讨论下一期节目

组织学生以“美文赏析”为题展开讨论，进行一场头脑风暴。让学生从自己的兴趣出发，阅读大量的文学作品，增加自己的文学储备。在阅读内容上，可以选择不同题材、不同类型的文章。让学生通过朗读与赏析的方式感受文章之美。

第七课

一、晚会主持训练

训练内容

教师节主题晚会

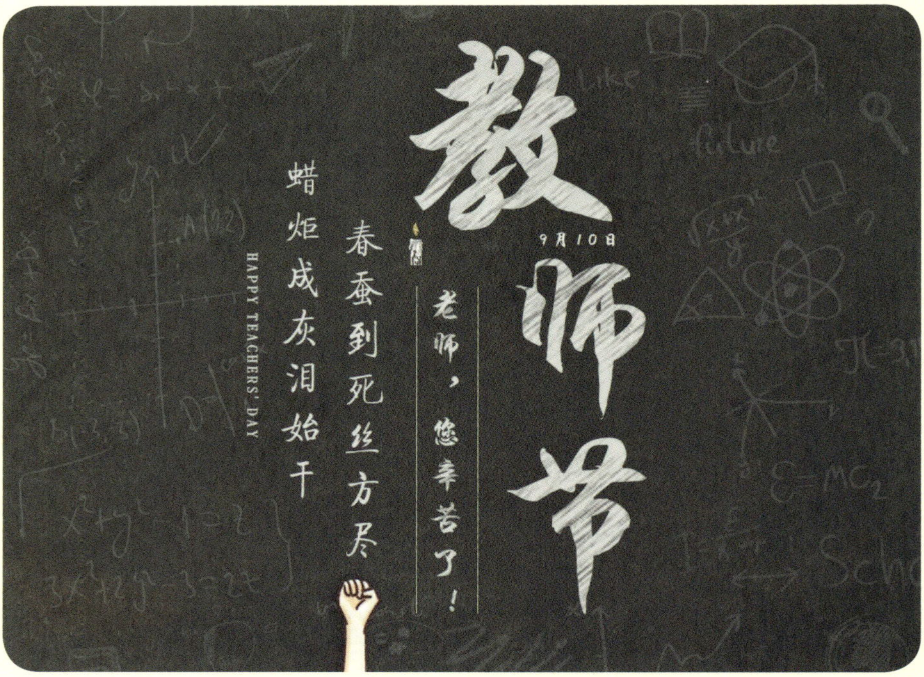

训练提示

根据主题自己设计节目内容，设定受众、场景和时间。

晚会的场景和时间对同学们的主持方式也有影响。

节目单：

葫芦丝演奏《荷塘月色》

演唱《我和我的祖国》

歌伴舞《天边》

琵琶联奏《帝都》

歌曲《英雄赞歌》

诗朗诵《辛勤的园丁》

舞蹈《长大后我就成了你》

舞蹈《中国梦》

二、节目策划与主持

训练内容

电子产品推荐

结合所学内容，以“电子产品推荐”为主题，独立完成一期电视节目。在节目创作的过程中，同学们既可以讨论策划案、回顾所学知识，又能充分发挥想象力和创造力。

训练提示

1. 组织观摩上一期节目

观摩、点评上节课后每个学生制作的广播节目《美文赏析》。

2. 组织讨论下一期节目

引导学生在选择电子产品时，从自己的兴趣出发，让学生通过照片、视频等方式呈现。可以展示电子产品的外形、操作方式以及优缺点。

第八课

一、晚会主持训练

训练内容

读书节——“我们读书吧”主题晚会

训练提示

1. 根据主题，自己设计晚会节目单内容，设定目标受众、主持场景。

2. 主持限时3分钟。主持人根据晚会主题自己设计节目单、开场白、串联词和结束语。

二、节目策划与主持

训练内容

好人好事

结合所学内容，以“好人好事”为主题，独立完成一期电视节目。在节目创作的过程中，同学们既可以讨论策划案、回顾所学知识，又能充分发挥想象力和创造力完成口语表达。

训练提示

1. 组织观摩上一期节目

观摩、点评上节课后每个学生制作的电视节目《电子产品推荐》。

2. 组织讨论下一期节目

组织同学们完成“好人好事”的选题，引导学生观察生活中的细节，让学生拥有一双发现真善美的眼睛。可以采用现场报道的形式，强化语言感染力，把感人的故事讲清楚、说明白，做到引人入胜。

第九课

一、新闻串联训练

训练内容

1. 中宣部召开全国宣传部部长专题工作会议，学习贯彻习近平总书记在省部级主要领导干部专题研讨班上的重要讲话精神。中共中央政治局委员、中央书记处书记、中宣部部长刘奇葆出席会议并讲话，强调要认真学习、宣传、贯彻习近平总书记重要讲话精神，把思想和行动统一到讲话精神上来，迅速兴起迎接党的十九大宣传热潮，以优异成绩迎接党的十九大胜利召开。（央广网）

2. 国家海洋环境预报中心预计：今年第九号台风“纳沙”将于今天（2017年7月29日）在台湾省南部沿海登陆，明天下午到夜间在福建中南部一带沿海登陆。国家海洋环境预报中心提示相关海域航行作业船舶及时回港避浪。（央广网）

3. 美国国防部（2017年7月）28号称，美方在美国东部时间28号10点41分左右探测到朝鲜进行了最新一次导弹试射。美军评估后认为，朝鲜当天试射的是洲际弹道导弹。（凤凰资讯）

训练提示

阅读、理解新闻，并根据新闻内容对其进行串联，常用的串联方法为关联词串联法。这是最常用的一种方法，即在上下两条新闻之间找到关联的词或句进行串联。

根据新闻内容，调整播报新闻的顺序。

二、节目策划与主持

训练内容

我的一天

结合所学内容，以“我的一天”为主题，独立完成一期电视视频节目。在节目创作的过程中，同学们既可以讨论策划案、回顾所学知识，又能充分发挥想象力和创造力完成口语表达。

训练提示

1. 组织观摩上一期节目

观摩、点评上节课后每个学生制作的电视节目《好人好事》。

2. 组织讨论下一期节目

组织学生讨论“我的一天”，引导学生认真体会生活，记录最平常的一天，从刷牙洗脸到吃饭上学，体会平凡生活中的幸福点滴。先立意，后表达。

第十课

一、新闻串联训练

训练内容

1. 最高人民法院昨日明确表示，勘查、开采矿产资源造成环境污染，或者导致地质灾害、植被毁损等生态破坏，法律规定的机关和有关组织提起环境公益诉讼的，人民法院应依法予以受理。（中国青年网）

2. 以“铸就品牌 振兴奶业”为主题的第三届中国奶业20强峰会昨日在齐齐哈尔开幕，参会代表对产业链模式建设等问题进行了深入探讨。（新华网）

3. 美国白宫官员昨日说，美国总统特朗普或将否决美国国会针对俄罗斯、伊朗和朝鲜三国的制裁议案，以寻求更严厉的对俄制裁措施。根据议案，美国将追加对俄相关个人和实体的经济制裁，并以发展弹道导弹项目等为由，对伊朗和朝鲜实施新制裁。俄罗斯总统和伊朗总统都表示，针对美国实施的新制裁，将采取措施予以回应。（新浪新闻）

训练提示

阅读、理解新闻，根据新闻内容对其进行串联，常用的串联方法为同类串联法：将具有同一个主题的几条新闻连接起来，可以从上一条消息的内容展开，引出下一条消息。

二、节目策划与主持

训练内容

课间十分钟

结合所学内容，以“课间十分钟”为主题，独立完成一期电视视频节目。在节目创作的过程中，同学们既可以讨论策划案、回顾所学知识，又能充分发挥想象力和创造力完成口语表达。

训练提示

1. 组织观摩上一期节目

观摩、点评上节课每个学生制作的电视节目《我的一天》。

2. 组织讨论下一期节目

“课间十分钟”不同于安静紧张的课堂，往往是学生们最活跃、最放松的时刻。引导学生记录课间的人、场景、细节。节目主持人可以是体验式采访的记者，也可以是旁观者、讲述人。

第十一课

一、新闻串联训练

训练内容

1. 复兴号列车昨日（2017年7月27日）在京沪高铁北京至徐州段跑出时速352公里的试验速度。9月起，时速350公里的复兴号列车将正式在京沪高铁载客运营，届时京沪间运行时间将压缩到4个半小时。（央广网）

2. 公安部昨天召开电视电话会议，要求各地公安消防部门深入开展高层建筑、人员密集场所和电气火灾等综合治理行动，坚决预防和遏制重特大火灾事故。今年（2017年）上半年，全国消防安全形势总体平稳，但一次死亡3人以上、10人以下的大火多发，危化品爆炸火灾、人员密集场所和高层建筑亡人火灾同比呈上升趋势。（搜狐网）

3. 当地时间11月1日晚，国务院总理李克强在首尔下榻饭店应约会见出席第六次中日韩领导人会议的日本首相安倍晋三。李克强表示，中日是亚洲和世界上有重要影响的国家。过去几年，中日关系走了一段弯路，其中的原因日方是清楚的。这一深刻教训值得认真总结。去年（2016年）年底以来，在双方共同努力下，两国关系逐步走出僵局，保持回稳势头。但同时，两国关系敏感性、复杂性仍较为突出，重回正常发展轨道依然任重道远。（新华网）

训练提示

阅读理解新闻，根据新闻内容对其进行串联。常用的串联方法为语气串联法：当上下两条新闻间很难找到关联词的时候，可以用语气关联的办法进行串联。

根据新闻内容，调整播报新闻的顺序。

二、节目策划与主持

训练内容

可爱的动物

结合所学内容，以“可爱的动物”为主题，独立完成一期电视视频节目。讨论策划案、回顾所学知识，充分发挥想象力和创造力，完成口语表达。

训练提示

1. 组织观摩上一期节目

观摩、点评上节课后每个学生制作的电视节目《课间十分钟》。

2. 组织讨论下一期节目

引导学生从平等观念、环保理念、生活服务角度，或者哲学角度出发，尽情发挥创造力，可以选择有深度的新闻访谈节目、严肃的纪录片、轻松的社教节目，也可以选择寓教于乐的综艺节目，主持形态不限。

第十二课

一、新闻串联训练

训练内容

1. 北京市环保局昨日（2017年7月26日）发布公报称，今年上半年，北京市空气中PM2.5平均浓度为66微克／立方米，较2013年同期下降35.9%，但仍高于国家出台的有关空气污染防治措施的“大气十条”确定的2017年阶段性目标——60微克／立方米。（搜狐新闻）

2. 中国经济网评论认为：条例（《快递暂行条例》）填补了相关领域的法律空白，将快递业纳入法治轨道，具有里程碑式的意义。但条例在落实上的“最后300米”，正如快递投送的“最后300米”，非常关键，忽视不得。（新浪新闻）

3. 在7月25日继续举行的2017年国际泳联游泳世锦赛上，中国选手孙杨摘取男子200米自由泳金牌；中国选手徐嘉余勇夺100米仰泳冠军，这是中国男选手在世锦赛历史上赢得的首枚仰泳项目金牌。（新民网）

训练提示

阅读理解新闻，根据新闻内容对其进行串联，常用的串联方法为情绪转移串联法：如果连续几条新闻都使观众心情紧张，就可以使用这种串联方法来调节观众的情绪。

二、节目策划与主持

训练内容

专业课学习

结合所学内容，以“专业课学习”为主题，独立完成一期电视视频节目。在节目创作的过程中，学生既可以讨论策划案、回顾所学知识，又能充分发挥想象力和创造力，完成口语表达。

训练提示

1. 组织观摩上一期节目

观摩、点评上节课后每个学生制作的电视节目《可爱的动物》。

2. 组织讨论下一期节目

引导学生记录在专业课上学习的内容，回顾学习过的知识，从专业课学习内容、同学互动、教师教学风格等方面进行呈现，要注意主持的现场感。

第十三课

一、生活服务类节目主持训练

训练内容

1. 巧用牙膏：若有小面积皮肤损伤或烧伤、烫伤，抹上少许牙膏，可立即止血止痛，也可防止感染，疗效颇佳。

2. 茶叶妙用：将残茶叶浸入水中数天后，浇在植物根部，可促进植物生长；把残茶叶晒干，放到厕所或沟渠里燃熏，可消除恶臭，还可驱除蚊蝇。

3. 烹饪窍门：烹调蔬菜时，加点菱粉类淀粉，可以使汤变得浓稠，烹调出的蔬菜美味可口，而且由于淀粉含谷胱甘肽，对维生素有保护作用，所以还可以减少维生素的损失。

训练提示

生活服务类节目的串联要求主持人有丰厚的知识储备和丰富的经验。串联的方式有：相同类型、不同作用的节目的串联，介绍功效即可；不同类型、相同作用的节目的串联，介绍物品类型即可；不同类型、不同作用的节目的串联，即各不相同的节目的串联，需要找到内容共同的特点。

二、节目策划与主持

训练内容

超市大发现

结合所学内容，观察生活，以“超市大发现”为主题，自己选择时间和地点，进行现场报道。通过现场报道的内容让受众了解超市现场。在节目创作的过程中，同学们既可以回顾所学知识，又能充分发挥想象力和创造力。

训练提示

1. 寻找超市中的促销活动，查看商品介绍，列出备选项和超市地点，以安全为原则，尽量选择信息点多的地点。

2. 现场细节是现场报道的灵魂。提前到现场进行考察，寻找可以说的新闻点。

3. 做好紧急情况预案，以应对现场混乱、没有促销活动、超市不允许录制等情况。争取一次报道成功。

第十四课

一、生活服务类节目主持训练

训练内容

1. 洗衣粉用量：若衣服不太脏或洗涤时泡沫过多，则要减少洗衣粉用量。避免洗衣粉使用过量，不仅省钱而且保护环境，还可令洗衣机更耐用。

2. 烹饪窍门：煮饺子时要添足水，待水开后加入2%的食盐，待盐溶解后再下饺子，这样能增强面筋的韧性，避免饺子粘皮、粘底，饺子的色泽会变白，汤清饺香。

3. 茶叶妙用：用残茶叶擦洗木、竹桌椅，可使之更为光洁。把残茶叶晒干，铺撒在潮湿处，能够去潮。残茶叶晒干后，还可装入枕套充当枕芯。

训练提示

生活服务类节目的串联要求主持人有丰厚的知识储备和丰富的经验。串联的方式有：相同类型、不同作用的节目的串联，介绍功效即可；不同类型、相同作用的节目的串联，介绍物品类型即可；不同类型、不同作用的节目的串联，即各不相同的节目的串联，需要找到内容共同的特点。

二、节目策划与主持

训练内容

地方经典小吃

结合所学内容，观察生活，以“地方经典小吃”为主题，通过现场报道的内容让受众了解地方经典小吃的色、香、味及制作过程。

训练提示

1. 列出小吃名称，了解小吃的做法及历史由来。
2. 寻找小吃集中、人气旺的现场，如庙会、美食街等。

第十五课

一、生活服务类节目主持训练

训练内容

1. 面包能清除地毯污迹：家中的小块地毯如果脏了，可用热面包渣擦拭，然后将其挂在阴凉处，24小时后，污迹即可除净。

2. 风油精的妙用：在电风扇的扇叶上洒上几滴风油精，随着扇叶的不停转动，可使满室清香，而且有驱赶蚊子的效用。

3. 烹饪窍门：豆腐一般都会有一股卤水味。豆腐下锅前，如果先在开水中浸泡10多分钟，便可除去卤水味，这样做出的豆腐不但口感好，而且味美香甜。

训练提示

生活服务类节目的串联需要主持人有丰厚的知识储备和丰富的经验。串联的方式有：相同类型、不同作用的节目的串联，介绍功效即可；不同类型、相同作用的节目的串联，介绍物品类型即可；不同类型、不同作用的节目的串联，即各不相同的节目的串联，需要找到内容共同的特点。

二、节目策划与主持

训练内容

早安公园

结合所学内容，观察生活，以“早安公园”为主题进行现场报道。

训练提示

1. 调查公园中的晨练情况。列出备选地点，以安全为原则，尽量选择信息点多的地点。

2. 提前到现场进行考察，做好紧急情况预案，以应对没有晨练人群、天气变化等情况。

第十六课

一、生活服务类节目主持训练

训练内容

1. 砧板防裂小窍门：买回新砧板后，在砧板上下两面及周边涂上食用油，待油吸干后再涂，涂三四遍，油干后即可使用，这样砧板便会经久耐用。

2. 舒缓眼部疲劳小窍门：用水浸泡药用小米草或母菊花，然后将毛巾浸入其中，取出后敷于眼部10到15分钟，可有效舒缓眼部疲劳。

3. 烹饪窍门：如果用陈米做米饭，淘过米之后，可在往米中加水的同时，加入1/4或1/5啤酒，这样蒸出来的米饭香甜且有光泽，如同新米一样。

训练提示

生活服务类节目的串联需要主持人有丰厚的知识储备和丰富的经验。串联的方式有：相同类型、不同作用的节目的串联，介绍功效即可；不同类型、相同作用的节目的串联，介绍物品类型即可；不同类型、不同作用的节目的串联，即各不相同的节目的串联，需要找到内容共同的特点。

二、节目策划与主持

训练内容

校园活动

结合所学内容，观察生活，以“校园活动”为主题进行现场报道。

训练提示

1. 了解校园中有哪些活动。列出备选活动，以安全为原则，尽量选择信息点多、有新闻价值的活动。

2. 提前到现场进行考察，寻找可以报道的新闻点。拟好采访提纲，根据现场变化，调整采访方向。

第十七课

一、大型活动主持训练

训练内容

2017春节联欢晚会模拟主持

朱军：中国中央电视台！

董卿：中国中央电视台！

朱军：此刻我们在北京中央电视台一号演播大厅向全球现场直播2017年春节联欢晚会。

董卿：春回大地百花艳，节至人间万象新，一年一度的春节联欢晚会又一次如约而至。

康辉：连续举办34年的央视春晚，已经成为伴随13亿中华儿女和全球华人辞旧迎新的新年俗。

朱迅：今晚，中央电视台综合频道、综艺频道、中文国际频道、军事农业频道、少儿频道并机现场直播。

小尼：与此同时，我台6个国际频道的春晚直播和春晚特别节目正通过221家海外合作方在157个国家和地区落地播出。

康辉：中央人民广播电台、中国国际广播电台多个频率同步为全球听众转播2017年春节联欢晚会的实况。您还可以用手机通过“央视综艺春晚”和“央视影音”客户端收看广汽传祺《@春晚》网络直播，点播精品VR节目，参与央视网互动，赢取幸运奖品。

董卿：暖暖的除夕夜、浓浓的家国情，我们也将在春晚的舞台上为您展现最美好的辞旧迎新的愿景。

朱军：金鸡一唱千门晓，和声四海万户春。

训练提示

春节联欢晚会一年一次，主题背景明确，练习时要构想情境，调动感受，进入语境，充分还原现场的热闹而不喧闹，情感交流要真切，声音体态要自如。

二、节目策划与主持

训练内容

共享单车乱停放

结合所学内容，观察生活，以“共享单车乱停放”为主题，自己选择时间和地点，进行现场报道。通过现场报道的内容让受众了解现场。在节目创作的过程中，学生既可以回顾所学知识，又能充分发挥想象力和创造力。

训练提示

1. 了解共享单车的具体情况，查阅相关新闻。
2. 列出备选地点，以安全为原则，尽量选择信息点多的地点。
3. 提前到现场进行考察，寻找可以报道的新闻点。
4. 做好紧急情况预案，以应对现场混乱、天气变化等情况。

第十八课

一、美食节目主持训练

训练内容

美食直通车，惊喜等着你。观众朋友，大家好！欢迎收看本期《美食直通车》。

中国饮食文化历史悠久、闻名寰宇，大厨们烹调技艺精湛，中国在世界上素有“饮食王国”之美誉，中国饮食文化是中国数千年灿烂的民族文化的重要组成部分，也是一种宝贵的旅游资源。

有人说，幸福不是长生不老，不是花天酒地，也不是权倾朝野，幸福是每一个微小的生活愿望都能达成，想吃时有的吃，想被爱时有人来爱！可以说，在今天的生活中，饮食早已超越了单纯生物学上的意义，成为体现人们热爱生活、彰显自我、追求高雅、注重体验、丰富情趣的文化载体和符号。

上一期节目带大家品尝了沈阳的宽巷子素菜馆中的佳肴，今天我们直通车到达的是东北美食第二站——长春！

“东北一锅出”是东北的特色菜，“一锅出”就是“主菜和主食放在一起上桌”的意思。用东北话说，就是锅里又炖菜又烀饼子，菜炖在锅底，饼子贴在锅边。这道菜既方便又好吃，深受人们的欢迎！

主要原料是：生鲜玉米、油豆角、土豆块、南瓜和排骨。

做法：东北的“农家一锅出”是用铁锅明火上桌，体现了东北人豪放的性格。多数“一锅出”里有排骨、油豆角、土豆块，铁锅的四周贴有玉米面做的饼子。用料十分丰富，味道也各有不同：豆角绿绿的，绵而不过烂；土豆块已经被炖得没有任何棱角了，入口即化；而吸收了青菜香味的排骨，味道更不错。

当然，主菜也可以改成鱼、牛肉、排骨、鸡肉等，还可在锅边贴上一圈死面小花卷，吃起来特别有味道。怎么样，您学会了吗？

训练提示

美食节目主持要求语言生动形象。只有熟悉操作过程，才能做到表达清晰流畅，传达出美食的味道和制作特点。

二、快乐分享会

训练内容

最后一节课，汇集全体学生平时课堂上策划、主持的最优秀的节目，邀请家长和学生一起观看，分享学习成果，让学生体会成长的快乐与随之而来的自信。

测评内容与要求

1. 从主持素材（时事热议、文艺晚会、新闻播报、生活服务）中抽取一份素材，单人主持。

2. 即兴串联主持2分钟，准备时间1分钟。

要求：开场有亲和力，串联方式新颖，表达自然得体。

后记

人类的每一次进步，都离不开语言开路。近年来，教育部力推素质教育，改进美育教学，在中小学语文教材中增加了朗读和理解课文内容的练习，这是贯彻落实党的教育方针的重要措施。

中央电视台《朗读者》《开讲了》等语言类节目的热播也助推了社会对朗读和演讲的关注度的提高，越来越多的家庭开始重视孩子语言表达能力的培养和塑造。好口才成就好未来，"青少年语言表演艺术"丛书可以说是应运而生。这套丛书包含播音主持和朗诵表演两个系列，每个系列5本书。

丛书编写和出版过程得到了中国传媒大学出版社、中国传媒大学远程与继续教育学部的支持和帮助，感谢辛苦付出的同仁朋友们。

感谢本套丛书编写者。播音主持系列：1—3级由胡铖铖编写，4—6级由韩杰编写，7—8级由韩杰编写，第9级由李金泽编写，第10级由牟茗涵编写。朗诵表演系列：1—3级由范晨晨编写，4—6级由牟茗涵编写，7—8级由迟茜编写，第9级和第10级由王新宇编写。

在丛书编写过程中，由于条件所限，书中部分所选作品和图片，未能直接与相关作者取得联系。如有作者在本书中发现自己的作品，请与我们联系。我们的联系方式是：yuyanbyys@163.com，我们将按照著作权相关规定支付稿酬。

图书在版编目(CIP)数据

青少年语言表演艺术播音主持系列. 第10级 / 全国青少年语言表演艺术测评中心编. --北京：中国传媒大学出版社，2019.5(2019.11重印)
(青少年语言表演艺术丛书)
ISBN 978-7-5657-2391-9

Ⅰ. ①青… Ⅱ. ①全… Ⅲ. ①播音—语言艺术—教材 ②主持人—语言艺术—教材
Ⅳ. ①G222.2

中国版本图书馆CIP数据核字(2018)第211080号

青少年语言表演艺术 播音主持系列第10级
QINGSHAONIAN YUYAN BIAOYAN YISHU BOYIN ZHUCHI XILIE DI-10 JI

编　　者	全国青少年语言表演艺术测评中心
丛书策划	王雁来
责任编辑	王雁来
特约编辑	沈梦绮
责任印制	李志鹏
封扉设计	王淑君
出版发行	中国传媒大学出版社
社　　址	北京市朝阳区定福庄东街1号　邮编：100024
电　　话	86-10-65450528　65450532　传真：65779405
网　　址	http://cucp.cuc.edu.cn
经　　销	全国新华书店
印　　刷	北京中科印刷有限公司
开　　本	787mm×1092mm　1/16
印　　张	4.75
字　　数	53千字
版　　次	2019年5月第1版
印　　次	2019年11月第2次印刷
书　　号	ISBN 978-7-5657-2391-9/G·2391　定　价　32.00元

版权所有　翻印必究　印装错误　负责调换

绿色印刷 保护环境 爱护健康

亲爱的读者朋友:

本书已入选“北京市绿色印刷工程——优秀出版物绿色印刷示范项目”。它采用绿色印刷标准印制，在封底印有“绿色印刷产品”标志。

按照国家环境标准（HJ2503-2011）《环境标志产品技术要求 印刷 第一部分：平版印刷》，本书选用环保型纸张、油墨、胶水等原辅材料，生产过程注重节能减排，印刷产品符合人体健康要求。

选择绿色印刷图书，畅享环保健康阅读!

北京市绿色印刷工程